미세 먼지, 어디까지 알고 있니?

초판 1쇄 2019년 1월 31일 | 초판 6쇄 2024년 9월 23일

글 신현정 | 그림 김소희
책임 편집 최은영 | **마케팅** 강백산, 강지연 | **디자인** 민트플라츠 송지연

펴낸이 이재일 | **펴낸곳** 토토북 04034 서울시 마포구 잔다리로7길 19, 명보빌딩 3층
전화 02-332-6255 | **팩스** 02-6919-2854 | **홈페이지** www.totobook.com
전자우편 totobooks@hanmail.net | **출판등록** 2002년 5월 30일 제2002-000172호
ISBN 978-89-6496-393-7 73450

ⓒ 신현정, 김소희 2019

이 책은 저작권법에 의해 보호를 받는 저작물이므로 무단 전재 및 무단 복제를 금합니다.
잘못된 책은 구입하신 곳에서 바꾸어 드립니다.

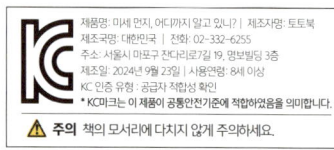

바로 알고 스스로 건강을 지켜요

미세 먼지, 어디까지 알고 있니?

신현정 글 | 김소희 그림
오창길(자연의벗연구소 소장·교육부 미세먼지보건안전관리협의회 위원) 추천

추천의 글

 ## 미래의 환경은 어린이 여러분에게 달려 있어요

우리 주변에는 먼지가 항상 있습니다. 집 안에는 창틀 먼지가 있고, 놀이터에는 모래 먼지들이 있지요. 또 먼지는 자동차의 배기가스와 공장의 매연에서도 나옵니다. 먼지들은 공중을 떠다니다가 바람에 의해 이동하면서 땅 위로 떨어집니다.

그런데 먼지의 크기가 10㎛보다 작은 미세 먼지일 경우에는 공기 중에 계속 떠다니다가 우리 몸속으로 들어가 문제를 일으킵니다. 물론 미세 먼지가 몸속에 들어갔다고 해서 급격하게 몸의 상태가 나빠지는 건 아닙니다. 그러나 오랜 시간 지속적으로 미세 먼지 환경 속에 노출되면 우리 몸에 큰 영향을 미칩니다. 세계 보건 기구의 발표에 따르면, 2014년 한 해 동안 미세 먼지로 인해 약 700만 명이 사망했다고 하지요. 이처럼 미세 먼지 때문에 많은 사람들이 폐질환에 걸리거나 목숨을 잃고 있습니다. 특히 어린이와 노인, 임산부처럼 몸이 약한 사람들은 미세 먼지에 더욱 취약해서 건강에 나쁜 영향을 끼칠 가능성이 아주 높습니다.

<미세 먼지, 어디까지 알고 있니?>는 미세 먼지가 나날이 심각해지고 있는 오늘날에 어린이 여러분에게 미세 먼지가 왜 생겨났고, 미세 먼지 때문에 어떤 피해가 일어나고 있으며, 미세 먼지의 문제점을 해결하기 위해 어떻게 해야 하는지를 친절하게 이야기하고 있습니다. 어린이가 미세 먼지 수사관이 되어 깨끗한 하늘을 되찾아 나가는 과정을 흥미롭게 구현하고 있지요. 어린이 수사관을 따라가면서 미세 먼지의 정체를 찾아보세요. 이 책이 어린이 여러분에게 미세 먼지가 없는 파란 하늘을 되찾기 위한 유용한 환경 지침서가 되길 바랍니다.

오창길

작가의 글

공기가 나를 쑥쑥 자라게 해요!

건강하고 멋진 어른으로 자라려면 어떻게 해야 할까요? 고기와 채소 반찬을 골고루 잘 먹고, 규칙적으로 운동을 해야 해요. 또 깨끗하게 잘 씻고, 잠도 잘 자야 하지요. 그런데 가장 중요한 게 하나 있어요. 바로 숨을 잘 쉬는 거랍니다.

우리는 음식을 먹을 때 오물오물 씹어서 조각조각 나눠요. 그래야 소화가 잘 되니까요. 음식 조각들은 몸속으로 들어가 더 잘게 쪼개지고, 세포 속으로 흡수된 뒤에 에너지를 만들어요. 세포들은 에너지를 갖고 일을 하지요. 근육 세포들은 늘어났다 줄어들었다 하면서 운동을 하고, 면역 세포들은 나쁜 균들을 물리쳐요. 또 신경 세포들은 우리가 생각을 하고 감정을 느끼도록 해 줘요. 세포들은 우리가 살아가는 데 없어서는 안 될 존재이지요.

세포들에게 필요한 에너지를 만들려면 반드시 산소가 필요해요. 산소는 음식 속 영양소를 잘게 쪼개서 세포 속으로 들어갈 수 있도록 도와요. 그런데 영양소가 쪼개질 때 만들어지는 이산화탄소는 우리 몸 밖으로 꼭 나가야 해요. 안 그러면 세포들이 죽어서 제대로 생활할 수 없어요. 그래서 우리는 숨을 쉬면서 산소를 들이마시고 이산화탄소를 내뱉는 거랍니다.

병원에 가면 의사 선생님께서 청진기를 몸에 댈 거예요. 청진기로 몸에서 나는 소리를 듣기 위해서지요. 심장과 폐에서 나는 소리를 듣고 온몸에 공기가 잘 돌아다니는지 알아보는 거예요. 공기는 우리 몸속을 들락날락하면서 나를 쑥쑥 자라게 해요. 공기는 눈에 보이지 않지만 주변에 가득해요. 공기가 가득하다는 건 숨을 쉬어 보면 쉽게 알 수 있어요. 또 고개를 들어 하늘을 보면 알 수 있지요. 하늘을 향해 두 팔을 쭉 펴고 한껏 숨을 들이쉬었다가 크게 내쉬면서 공기가 온몸에 퍼지는 걸 느껴 보세요.

　그런데 만약 공기에 문제가 생기면 어떻게 될까요? 이 책은 어린이 수사관 친구들이 공기를 더럽히는 범인들을 찾아다니는 이야기예요. 공기가 왜 더러워졌는지, 공기 때문에 어떤 피해가 벌어지고 있는지를 찾아내지요. 여러분도 어린이 수사관이 되어 공기에 무슨 일이 생겼는지 살펴보세요. 공기의 소중함을 느끼고 깨끗한 공기를 만들기 위해 할 수 있는 일들을 생각해 봤으면 좋겠어요.

신현정

차례

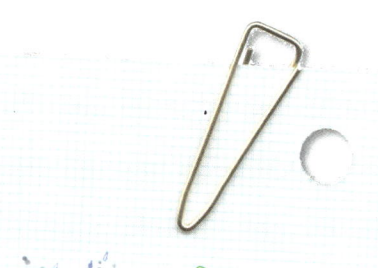

04 — 추천의 글
06 — 작가의 글

13 — **파란 하늘이 사라졌다**
26 — 공기 난민이 된 사람들, 에어노마드족

29 — **공기를 오염시키는 범인들을 찾아라**
50 — 미세 먼지를 알리는 이색 신호등

53 — **달라지는 공기, 뜨거워지는 지구**
66 — 커피, 초콜릿, 바나나의 공통점은 뭘까?

69 — **드디어 파란 하늘을 되찾았어**
88 — 바다에 나무를 심는다고?

90 — Q&A. 미세 먼지, 이것만은 꼭 기억해

위용, 위용, 위용. 경찰차가 바삐 지나가요.

무슨 일이 벌어졌나 봐요.

큰일이 터졌어요.
일을 해결하려면 어린이 수사관이 필요해요.
아래 문제를 풀고 어린이 수사관이 되어 주세요.

이것은 우리가 매일매일 하는 일입니다. 이것은 무엇일까요?

 책 읽기, 만화 보기, 축구하기, 피아노 치기, 먹기, 잠자기……. 너무 많아요. 힌트 좀 주세요.

 다른 일을 할 때에도 동시에 이 일을 하고 있지요.

 어떻게 두 가지 일을 동시에 하라는 거예요?

 밥을 먹을 때에도, 친구들과 놀 때에도 해요.
잠을 자고 있을 때에도 하지요.
음, 너무 바쁘다면 20초 정도는 안 할 수도 있어요.
잘하면 1분도 안 할 수 있겠군요.

 그럼 하루에 얼마나 하고 있는 거죠?

 하루 동안 약 2만 5천 번 정도 하겠군요.

 그렇게 많아요? 그래도 모르겠어요.

 결정적 힌트를 줄게요. 이 일을 할 때면 콧속이 살랑거리고
배와 가슴이 들썩인답니다.

 아하! _____ (이)군요!

정답 : 숨쉬기(호흡)

정답을 맞힌 여러분을 어린이 수사관으로 임명합니다!

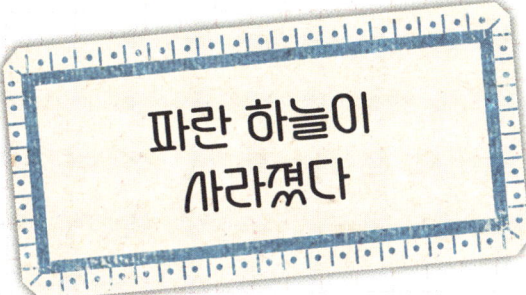

파란 하늘이 사라졌다

경찰관 아저씨, 큰일났어요! 공기에서 이상한 냄새가 나고, 눈과 목이 따끔거려요. 자꾸만 기침이 나요. 콜록콜록. 으악, 콧속에서 까만 코딱지가 나와요. 가슴이 답답해요. 하늘이 회색이에요.

 아니, 그걸 왜 경찰서에 얘기하나요? 우리는 법을 어기고 잘못한 사람을 잡는 경찰관이에요.

 파란 하늘을 더럽힌 범인을 반드시 찾아야 해요!

 범인이라고요? 도대체 무슨 말인지 모르겠는데…….

 내가 도와줄까요? 난 공기를 조사하는 대기 환경 전문가예요.

 대기 환경 전문가요? 거참, 생소하네요.

하늘이 파란 이유는 뭘까?

빨간색, 파란색, 초록색 빛을 모두 섞으면 어떤 색이 될까요? 빛은 섞으면 섞을수록 밝아져요. 그래서 세 가지 색깔의 빛을 섞으면 하얀색이 돼요. 빨간색 빛보다 파란색 빛이 주변에 있는 물질들의 방해를 많이 받아요. 다른 물질들에 부딪히는 바람에 여기저기로 흩어지게 되지요. 하늘이 파랗게 보이는 이유는 파란색 빛이 주변의 방해를 받아 사방으로 넓게 흩어져서 그런 거랍니다.

쉽게 말해서 공기를 조사하고 연구하는 사람이에요. 기상청에서 무슨 일을 하는지 아시죠?

 그럼요. 매일매일 날씨를 전해 주잖아요.

맞아요. 비가 내릴지 말지, 내린다면 얼마나 내릴지 예측해서 사람들에게 알려 줘요. 또 황사나 미세 먼지가 심한 날에는 바깥 활동을 하지 말라고 주의를 주지요.

 박사님도 기상청에서 일하시나요?

 아뇨. 저는 국립 환경 과학원에서 일해요. 미세 먼지와 대기와 관련된 모든 연구를 진행하는 곳이지요. 또 대학이나 다른 연구소에서 환경 연구를 하는 걸 도와주기도 하고요. 최근 대기 환경에 대한 관심이 높아지면서 대기와 기후 환경을 연구하고 관리하는 사람들이 많이 필요해졌어요.

첫 번째 사건 일지

실종자, 아니 사라진 공기의 정체를 밝혀라

1. 공기를 이루는 것들

공기는 여러 가지 기체로 이루어져 있어요. 대부분 질소와 산소로 이루어져 있고, 아르곤과 수십 종류의 기체들이 아주 적은 비율을 차지하고 있어요. 질소와 산소, 아르곤 같은 것들이 모두 모여 공기를 이뤄요. 공기는 '대기'라고도 불리지요.

2. 공기가 있는 곳

공기는 땅에서부터 약 1,000km 높이에 걸쳐 있어요. 그중 약 90%의 공기가 땅 가까이에 모여 있어요. 그래서 9km 위로 올라가면 공기가 적어서 숨을 쉬기가 힘들고, 두통이나 구토와 같은 증상이 나타나요.

에베레스트산이 8,848m인 게 다행인 걸까요? 만약 9,000m였다면 정상에 오르는 것이 불가능했을 거예요.

박사님이라면 범인을 쉽게 찾을 수 있을 거예요. 제발 도와주세요!

 내가 도와줄 수 있다니 기쁘군요. 그런데 저말고도 다른 사람들이 필요해요. 어린이 수사관들이에요.

 네?

 파란 하늘과 깨끗한 공기에 관심 있는 어린이를 찾아 주세요. 그 친구들이 함께 한다면 손쉽게 범인을 찾을 수 있을 거예요.

 그렇게 될지 모르겠지만……. 박사님 말씀이니 따를게요.

(어린이 수사관이 되고 싶다면 문제를 풀어야 해요. 문제는 11쪽에 있어요.)

 자, 시간이 없어요. 하늘이 더 더러워지기 전에 범인을 찾아야 해요. 어린이 수사관에게 주어진 첫 번째 임무입니다. 우리에게 온 제보들을 이야기해 줄 수 있나요?

미세 먼지가 재난이라고?

국가 재난이란 국민의 생명이나 신체, 재산과 국가에 피해를 줄 수 있는 재해를 말해요. 태풍이나 홍수, 화재나 교통사고 등을 일컫지요. 미세 먼지가 국가 재난에 해당한다는 것 알고 있나요? 우리나라 정부는 미세 먼지를 국가 재난으로 선포하고, 미세 먼지로부터 국민을 보호하기 위해 여러 정책들을 갖추고 있어요.

목이 따끔거리고 기침이 나요.

 이 모든 건 대기 오염 때문이에요.

 대기가 오염되었다는 건 정확히 어떤 상태인가요?

 공기에서 불쾌한 냄새가 나거나 사람과 동식물에게 나쁜 영향을 주는 물질들이 대기 속에 많이 섞여 있는 상태를 말해요.

어떤 물질들이 나쁜 영향을 주나요?

 수없이 많아요. 그중 아주 위험한 물질은 일곱 가지 정도예요. 일산화탄소, 이산화질소, 아황산가스, 오존, 벤젠, 납, 미세 먼지가 그것들이지요.

 이름만 들어도 무시무시해요. 우리가 범인을 제대로 찾을 수 있을까요?

 벌써 겁먹으면 어린이 수사관이 아니죠. 머리를 맞대고 차근차근 알아 가다 보면 찾을 수 있어요.

 어서 찾아보자!

 벌써부터 걱정된다.

 우리 셋이 머리를 맞대면 해낼 수 있어.

 맞아요. 너무 겁먹지 말아요. 자, 본격적으로 찾아볼까요?

 출동이다!

두 번째 사건 일지

대기 오염 물질 X파일

1. 일산화탄소

색깔도 없고 냄새도 없어요. 만약 일산화탄소가 우리 몸속에 들어가면 정말 큰일 나요. 왜냐하면 산소를 옮기는 헤모글로빈에 딱 달라붙어서 우리 몸에 산소를 전달하는 걸 방해하거든요.

2. 이산화질소

석탄, 연탄, 휘발유 같은 연료들이 타면 주변이 뜨거워져요. 대기가 뜨거워지면 질소와 산소가 서로 붙어요. 그러면서 여러 물질들을 만드는데, 그중 이산화질소가 있어요. 오랫동안 이산화질소를 마시게 되면 머리가 아프고 기침이 나요. 또 심각한 경우에는 생명이 위험해질 수도 있어요.

3. 아황산가스

산성비를 내리게 하는 해로운 물질이에요. 아황산가스를 많이 마시면 숨을 쉬기가 힘들어져요. 왜냐하면 아황산가스는 호흡기 세포들이 일을 하지 못하게 방해하거든요.

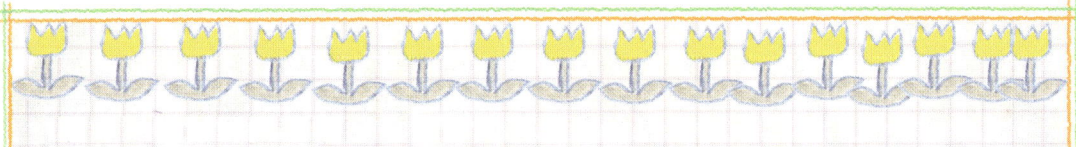

4. 오존

푸른빛을 띠는 기체예요. 오존에 자주 노출되면 가슴이 아프거나 속이 메스꺼운 증상들이 나타나요.

5. 벤젠

주유소에서 기름을 넣을 때 나는 냄새, 페인트 통을 열었을 때 나는 냄새, 새 집에서 나는 냄새, 방향제나 향수에서 나는 냄새에는 공통적으로 벤젠이 들어 있어요. 그래서 벤젠이 공기 중에 많으면 쉽게 피로해지고 어지러워져요.

6. 납

납은 몸속에 들어가면 계속 쌓여요. 몸속에 쌓인 납은 우리가 성장하는 걸 방해해요. 어린이가 어른보다 납을 더 많이 흡수하기 때문에 같은 양이더라도 어린이에게 훨씬 더 위험해요.

7. 미세 먼지

공기 중에 떠돌아다니는 작은 먼지예요. 꽃가루부터 검댕, 재 등 매우 다양하지요. 사람의 머리카락보다 작아서 눈으로 확인하기 힘들어요.

공기 난민이 된 사람들, 에어노마드족

최근 미세 먼지를 피해서 공기가 깨끗한 지역으로 이동하는 사람들이 늘어나고 있어요. 그런 사람들을 공기 난민 또는 에어노마드족이라고 불러요. 에어노마드족은 공기를 뜻하는 '에어'(air)와 유목민을 가리키는 '노마드'(nomad)가 합쳐진 말이에요. 미세 먼지가 급격히 늘어나면서 생긴 용어이지요.

먼지가 우리 몸에 들어오면, 먼저 코와 기도에서 걸러지고 기침이나 재채기를 통해 몸 밖으로 내보내져요. 하지만 미세 먼지는 몸속 깊숙이 들어와 문제를 일으켜요. 특히 크기가 아주 작은 초미세 먼지들은 공기 주머니인 폐포까지 들어와 폐를 망가뜨리지요. 미세 먼지 수준이 5일 이상 '나쁨' 상태가 계속되면 0.45mg 정도의 미세 먼지가 쌓여 폐를 손상시켜요.

미세 먼지는 폐 건강뿐만 아니라 뇌, 눈, 코, 피부, 심장 건강도 해쳐요. 뇌 세포를 손상시켜 뇌졸중이나 치매를 일으키고, 눈 속 염증과 가려움증을 유발하지요. 또 심장 기능을 떨어뜨리고, 아토피를 앓게 해요. 특히 임산부가 미세 먼지에 자주 노출될 경우, 태아에게 충분히 영양을 공급하지 못해서 태아의 뇌가 제대로 발달하지 못해요. 그래서 세계 보건 기구

미세 먼지의 주된
원인인 자동차 배기가스

는 미세 먼지를 1급 발암 물질로 정하고 미세 먼지로부터 건강을 지킬 것을 거듭 강조해요.

그렇다면 우리나라는 미세 먼지로부터 안전할까요? 전혀 아니에요. 2016년 발표에 따르면, 우리나라의 공기 질은 180개 국가 중에서 173위일 정도로 매우 나빠요. 특히 대도시의 경우, 자동차 배기가스에서 엄청난 미세 먼지가 나와 '나쁨' 수준을 보이는 날이 많아요. 그래서 미세 먼지 수치가 낮은 지역으로 이사 가거나 아예 외국으로 떠나는 공기 난민들이 늘어나고 있어요. 미세 먼지 수준이 지금처럼 계속 나쁘다면, 우리 모두 곧 공기 난민이 되어 깨끗한 공기를 찾아 떠돌아다니는 신세가 되고 말 거예요.

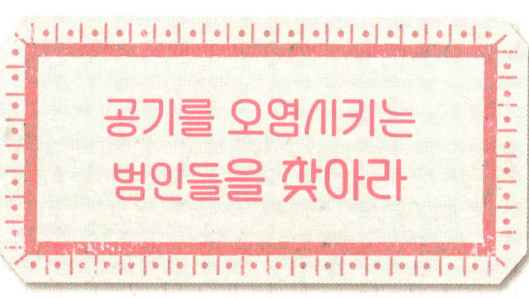

공기를 오염시키는 범인들을 찾아라

🧑‍✈️ 박사님, 어디에서 범인을 찾을 수 있을까요? 흔적조차 발견하지 못했어요.

👩 주변을 둘러보면 쉽게 찾을 수 있는걸요? 어린이 수사관들도 아직 찾지 못했나요?

🧒 일산화탄소, 이산화질소, 아황산가스, 오존, 벤젠, 납, 미세 먼지……. 모두 낯설어요.

👧 으, 못 찾겠어요.

👩 벌써 포기한 거예요? 이러면 시시한데?

👨‍🔬 너희들 포기한 거 아니지?

👧 음…….

🧒 시작도 안 했는데 그만둘 수 없지.

👧 맞아. 포기하긴 일러. 박사님, 좀 도와주세요.

👩 좋아요. 다 같이 바깥으로 나가 볼까요? 수상한 냄새를 따라가다 보면 범인을 찾을 수 있을 거예요.

🧑‍✈️ 자, 밖으로 나가 봅시다.

🧒👨‍🔬👧 네!

🧒 그런데 박사님, 황사는 왜 생기는 건가요?

👩 겨울 동안 얼어 있던 모래들은 따뜻한 봄이 되면 녹아 부스러져요. 그렇게 되면 모래들이 쉽게 날려 가지요.

👨 황사는 봄이 되면 어쩔 수 없이 생길 수밖에 없군요.

👩 그런데 문제가 있어요. 예전에는 황사가 주로 봄에 왔는데, 요즘에는 가을부터 봄까지 시시때때로 오고 있다는 거예요.

👮 더 이상 황사가 봄의 불청객이 아니군요.

👩 놀랍게도 황사가 일어나면 좋은 점도 있어요. 황사 바람이 불면 숲에 있는 해충의 수가 줄고, 바닷물이 붉게 보이는 적조 현상이 나타나지 않아요. 또 땅을 부드럽게 해 주지요. 하지만 나쁜 점이 훨씬 더 많아요. 황사가 심해지면 어떤 피해가 생길까요?

👧 모래 먼지 때문에 하늘이 뿌옇게 되어서 앞이 안 보일 것 같아요.

🧒 기계에 모래 먼지가 들어가면 고장날 거예요. 또 페인트칠도 제대로 할 수 없어요.

👨 무엇보다 건강에 안 좋아요. 눈이 따갑고 빨개질 거고, 피부도 가려울 거예요. 또 입안이 텁텁하고 기침도 심해질 거예요.

👩 그래서 황사가 있는 날에는 문을 꼭 닫고, 평소보다 물을 많이 마

> 세 번째 사건 일기

정말 심각한 문제, 황사

1. 지구 온난화와 황사

지구 온도가 올라가는 걸 지구 온난화라고 해요. 온도가 올라가면 추운 겨울이 짧아져요. 그렇게 되면 사막에 있는 모래가 날리는 시기가 앞당겨지게 되지요. 예전에는 3월이나 되어야 황사가 오곤 했는데, 지금은 11월부터 황사가 시작되고 있어요.

2. 사막화 현상

정말 큰일이에요!

사막화란 비의 양이 적어서 생물이 제대로 살 수 없는 사막 지대가 점점 늘어나는 걸 말해요. 최근 중국과 몽골 지역에서 사막화 현상이 점점 심해지고 있어요. 가축을 키우느라 나무를 베고 목장을 넓히고, 집과 공장을 짓느라 식물들을 없애는 바람에 사막이 많아지고 있어요. 사막화가 심해지면 모래 먼지가 끊이지 않을 거예요.

◆ 1년 중 서울에서 일어난 황사 일수 ◆

연도	발생 일수
1971~1980년	28일
1981~1990년	39일
1991~2000년	77일
2001~2010년	122일
2011~2020년	69일

*기상청 홈페이지를 참고해서 재구성함

셔야 해요. 눈이 안 좋은 사람들은 보호용 안경을 쓰는 것도 좋아요. 외출을 할 때에는 반드시 마스크를 쓰고, 집에 돌아와서는 현관 앞에서 겉옷을 털고 곧바로 손발을 씻고 세수를 해야 하지요.

오늘부터 일기 예보를 꼼꼼하게 챙겨 봐야지. 당장 황사 마스크를 사야겠어!

손이나 제대로 씻어. 넌 손도 잘 안 씻잖아!

쳇! 그나저나 박사님, 범인을 모두 찾았나요?

안타깝지만 아직 찾아야 할 범인들이 많아요.

범인들이 또 있다고요?

우리가 지금까지 찾은 범인들은 자연적으로 생겨난 것들이에요. 그래서 우리 몸에 아주 해로울 정도로 위험하진 않아요.

우리에게 위험한 범인들이 따로 있다는 건가요?

네. 우리가 그런 범인들을 만들었어요.

우리가요?

대기 오염은 산업 혁명과 함께 본격적으로 나타났어요.

산업 혁명이 뭐예요?

오래전에는 나무나 말린 소똥을 태워 요리를 하고 난방을 했어요. 그런데 석탄을 발견하고 나서는 석탄을 쓰기 시작했어요. 돈과 시간이 적게 들었거든요. 사람들은 커다란 공장들을 세우고, 기차로 온갖 물건들을 날랐어요. 이런 상황들을 통틀어 산업 혁명이라고 해요.

 지금은 석탄 대신 석유를 쓰죠?

 맞아요. 석유로 자동차를 달리게 하고 전기를 만들어요. 또 우리가 입고 있는 옷들과 여러 물건들을 만들지요.

 석탄과 석유가 여러모로 도움을 주네요.

 그런데 석탄과 석유가 타면서 문제가 생겨요. 이것들이 완전히 타면 문제가 되지 않아요. 하지만 완전히 타지 않으면 오염 물질들이 잔뜩 나와 대기를 더럽혀요.

 완전 연소일 때에는 아무런 문제가 없는데, 불완전 연소가 일어나면 대기에 나쁜 영향을 준다는 말씀이지요?

 네. 완전 연소가 되면 좋겠지만, 불완전 연소가 일어날 수밖에 없어요. 태우는 시간도 부족하고 공기의 양도 안 맞고 태우는 공간도 비좁기 때문이에요.

 석탄과 석유를 사용하는 놈들을 얼른 찾아야겠군요.

이처럼 연탄, 자동차, 화력 발전소, 쓰레기 소각장, 화학 공장에서 오염 물질들이 나와요. 그런데 이런 물질들은 대기를 떠돌아다니면서 더욱 강력한 오염 물질로 변신해요.

 어떻게요?

 어떤 녀석으로 변신을 한단 말인가요?

 초미세 먼지로 변신해요. 초미세 먼지는 양도 많고 독성도 강해서 매우 위험하지요.

 초미세 먼지는 어떻게 볼 수 있나요?

 간단한 실험을 해 볼까요? 음, 컵과 얼음이 어디 있더라.

 조금 전에 너무 더워서 얼음을 몇 개 집어 먹었는데…….

 그걸 먹으면 어떡하냐?

 괜찮아요. 얼음을 넉넉하게 준비해 와서 실험하는 데에 전혀 문제없어요.

 다행이다. 박사님, 제가 도울 건 없나요?

 빈 컵에 얼음을 반쯤 넣어 줄 수 있어요?

 그럼요. 이 정도면 충분할까요?

 좋아요. 자, 이제 어떤 변화가 생기는지 천천히 살펴봐요.

🧒 얼음이 녹기 시작해요.

👦 컵 주위에 물방울들이 생기고 있어요.

🧑 컵이 차가워지면서 컵 주위에 있던 수증기들이 모여 물방울이 된 것 같아요.

👧 눈에 보이지 않지만 우리 주변에는 수증기가 많이 떠 있어요. 그 수증기들이 뭉쳐서 물방울이 된 거지요.

🧒 박사님, 이 물방울들과 초미세 먼지랑 무슨 상관이에요?

👧 대기 중에 떠다니는 물질들도 컵 주변에 생긴 물방울처럼 수증기와 만나면 몸집이 커져요. 미세 먼지와 초미세 먼지에는 수증기들이 더욱 쉽게 달라붙어요. 그래서 금세 구름 방울을 만들 수 있어요.

🧒 구름 방울이 뭐예요?

👧 구름을 만드는 작은 물방울이에요. 약 2백만 개의 구름 방울이 모이면 빗방울이 만들어져요. 온도가 떨어지는 새벽에는 땅바닥이 차가워져요. 이때 수증기들이 뭉쳐서 구름 방울을 만들지요. 이걸 안개라고 해요. 그런데 구름 방울 속에 미세 먼지와 초미세 먼지가 가득 들어 있다면 어떨까요?

🧑 안개 속에서 매캐한 냄새가 날 거예요.

색깔도 회색빛을 띨 것 같아요.

 그런 안개를 스모그(smog)라 불러요. 연기를 뜻하는 '스모크'(smoke)와 안개를 가리키는 '포그'(fog)가 합쳐진 말이에요. 1911년 영국의 런던 하늘을 회색으로 뒤덮은 연기와 안개를 보고 만든 용어이지요. 런던 하늘을 덮은 스모그 때문에 많은 사람들이 죽었어요.

 스모그 때문에 사람이 죽었다고요?

 맙소사! 너무 끔찍해요.

 그냥 뿌연 안개일 뿐인데 사람을 위험에 빠뜨리다니요!

실시간으로 대기 정보를 확인하자

스마트폰이 발달하면서 다양한 애플리케이션들이 만들어지고 있어요. 애플리케이션은 스마트폰을 쓰는 사람들을 위해 개발된 프로그램이에요. 최근에는 대기 정보를 알려 주는 애플리케이션들이 많이 소개되고 있어요. 대표적으로 환경부에서 제공하는 '우리 동네 대기질'이라는 애플리케이션이 있어요. 자신이 있는 위치를 검색하면 실시간으로 대기 상태를 알려 주지요. 스마트폰이 없다면요? 걱정하지 마세요. 환경부에서는 미세 먼지에 특히 민감한 어린이나 노인, 임산부를 위해서 문자 서비스를 제공하고 있으니까요.

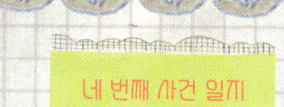

스모그 지옥에 갇힌 사람들

1. 1948년 미국 펜실베이니아

미국의 펜실베이니아에는 도노라라는 작은 마을이 있어요. 도노라는 공장이 많아서 항상 매연과 가스로 뒤덮여 있었지요. 그러다 1948년 10월, 공장에서 나온 오염 물질 때문에 앞이 전혀 보이지 않을 정도로 심각한 스모그가 발생했어요. 스모그는 일주일 동안 이어졌고, 수많은 사람들이 호흡기 질환에 걸리고 심지어 목숨까지 잃기도 했어요.

2. 1952년 영국 런던

1952년 12월, 겨울날 새벽이었어요. 사람들은 갑자기 추워진 날씨에 너도나도 난방을 했어요. 그 당시에는 주로 석탄을 태워 난방을 했어요. 그래서 굴뚝으로 검은 연기가 뿜어져 나왔지요. 이 연기는 안개 속에 섞여 들어가, 축축하고 매캐하고 답답한 공기를 만들었어요. 결국 오염된 공기 때문에 한 달도 안 되어서 4천 명이 넘는 사람들이 죽고, 많은 사람들이 만성 폐질환에 걸리고 말았어요.

3. 1987년 멕시코 멕시코시티

멕시코시티는 대기 오염이 아주 심각한 도시예요. 높은 산으로 둘러싸여 있어서 다른 곳보다 산소가 부족하고 공기가 쉽게 빠져나가지 못해요. 1987년 2월, 갑자기 수천 마리의 새가 한꺼번에 죽는 일이 벌어졌어요. 죽은 새들을 조사해 보니 폐와 간 등에서 납, 카드뮴, 수은 같은 중금속이 발견되었지요. 공장과 자동차에서 발생한 매연 때문에 새들의 몸이 각종 오염 물질들로 가득 채워져 있었던 거예요.

4. 21세기 개발 도상국

뒤늦게 개발에 뛰어든 나라들도 심각한 스모그 때문에 골치를 앓고 있어요. 이란의 테헤란에서는 매년 약 2만 명이 스모그 때문에 사망하고 있고, 중국과 인도에서도 매년 수십만 명이 죽어 가고 있어요. 아프리카도 대기 오염으로 인한 사망이 오염된 물이나 영양실조로 인한 사망보다 훨씬 많아요.

애들아, 바깥을 봐. 스모그가 심한 것 같아.

 보기만 해도 목이랑 눈이 따끔거려!

 아까 잠시 나갔다 왔는데 코를 찌르는 냄새도 났어.

 이번에는 오존에 대해 얘기해 봐요.

 으윽, 또 어려운 이름이 등장했어.

 겁먹을 필요 없어요. 자동차 배기가스에서는 수많은 오염 물질들이 나와요. 이 물질들이 자외선과 만나 반응하면 옥시던트라는 독성 물질이 만들어지지요. 옥시던트의 가장 대표적인 물질이 바로 오존이에요.

 그런데 박사님, 오존은 좋은 물질이잖아요.

 맞아요. 오존층이 자외선을 막아 준다는 얘길 들었어요.

 여러분의 말처럼 오존이 꼭 나쁜 것만은 아니에요. 땅에서부터 20~30km 높이 사이에 오존들이 모여 있어요. 이 구간을 오존층이라고 불러요. 오존층은 우리에게 해로울 수 있는 아주 강한 자외선을 막아 줘요. 하지만 오존이 지표면 근처에 머물면서 우리와 접촉하게 되면 매우 위험해요.

 천사에서 악마로 변신하는군요?

오존처럼 두 얼굴을 가진 물질이 또 있어요. 바로 산성비예요.

 오존도 모자라서 산성비까지……. 어디까지 찾아야 하는 거야.

 경찰관 아저씨, 범인을 잡으려면 참으셔야죠.

 맞아요! 범인 검거를 눈앞에 두고 있어요.

 아저씨, 힘내세요!

 그, 그래요. 어린이 수사관들이 나보다 훨씬 낫군요. 박사님, 산성비에 대해 알려 주세요.

 초미세 먼지는 바람을 타고 높이 올라가서 구름이 돼요. 그런데 오염 물질이 뒤섞인 초미세 먼지가 구름을 만들고, 이 구름에서 빗방울이 내린다고 생각해 보세요.

 오염 물질들이 그대로 땅으로 떨어지고 말 거예요.

 우산이라도 안 쓴 날에는……, 으악!

 산성비는 오염 물질로 가득 찬 초미세 먼지가 만들어 낸 비를 말해요.

 박사님, 산성이 뭐예요?

 콜라나 사이다를 뭐라고 부르나요?

 탄산음료요.

맞아요. 탄산음료는 산성을 띤 음료예요. 이산화탄소를 물에 녹여 만들었지요. 콜라 한 잔에다가 치아를 넣어 두면 어떻게 될까요?

글쎄요..

처음에는 누렇게 되었다가 점점 삭고 갈라져요.

산성비를 많이 맞으면 다른 것들도 치아처럼 되나요?

그렇죠. 산성비가 주는 가장 큰 피해는 부식이에요. 금속을 녹슬게 하고 돌을 부스러뜨리지요. 금속이 녹슬면 그 속에서 중금속이 빠져나와요. 중금속은 또다시 물과 땅속으로 들어가 주변을 오염시켜요. 그렇게 되면 물고기들이 살기 어려워지고, 농작물이 제대로 자랄 수 없어요.

 어휴, 우리가 모르고 있던 사이에 땅과 물이 모조리 오염되고 있었군요.

 자, 대기를 오염시키는 범인들은 얼추 찾아낸 것 같아요.

 오예!

 이제 마무리하면 되는 건가요?.

 딱 한 가지, 너무나 중요한 녀석이 있어요.

 네에?

미세 먼지를 알리는 이색 신호등

충청남도 당진시에 가면 색다른 신호등을 만날 수 있어요. 바로 대기 상태를 알려 주는 '미세 먼지 신호등'이에요. 미세 먼지 신호등은 미세 먼지 상태를 좋음(파랑), 보통(초록), 나쁨(노랑), 매우 나쁨(빨강)으로 표시하는 신호등이에요.

당진시에서는 미세 먼지가 시민의 안전과 건강을 해치는 위험한 물질이라고 판단했어요. 그래서 공기 상태를 실시간으로 살피는 시스템을 개발하고, 대기 오염 측정소를 여러 군데 만들었지요. 여기에서 정보를 모아 분석한 뒤 시민들에게 전했어요. 시민들이 많이 이용하는 공공시설이나 야외 등에 미세 먼지 신호등을 설치해서 미세 먼지 농도를 한눈에 볼 수 있게 해 주었지요.

미세 먼지 신호등뿐만 아니라 미세 먼지 상태를 알려 주는 이색적인 표시들이 많아요. 서울시에서는 학교 주변의 횡단보도에 '미세 먼지 안심 발자국'을 만들어 두었어요. 미세 먼지 안심 발자국은 어린이가 도로변의 먼지나 자동차 배기가스를 덜 마시도록 안내하는 표시예요. 횡단보도에서 멀찍이 물러설수록 미세 먼지 농도가 낮아지기 때문에 되도록 멀리 떨어

충청남도 당진시 탑동초등학교에 설치된 미세 먼지 신호등

져 있는 게 좋거든요. 또 버스 정류장이나 건설 현장 등에는 '미세 먼지 측정 시스템'을 만들어 두어 배기가스와 건설 현장에서 나오는 미세 먼지 수치를 표시하고 있어요. 이처럼 우리는 관심을 기울여 만든 표시들 덕분에 주변에서 대기 오염 정보를 손쉽게 얻고 있어요.

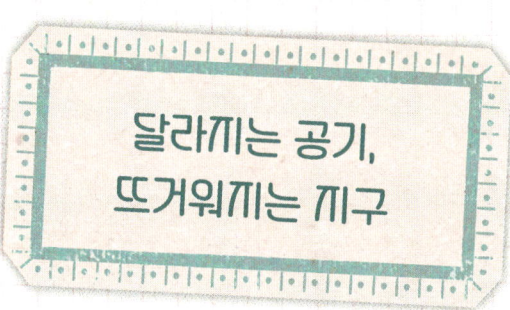

달라지는 공기, 뜨거워지는 지구

🙋‍♀️ 공기와 배기가스는 각각 어떤 물질로 이루어져 있을까요?

🙍‍♀️ 정확히 모르겠지만 배기가스에는 대기를 오염시키는 물질들이 가득할 거예요.

🙍 제대로 알지도 못하면서 나서기는!

🙍‍♀️ 넌 아냐?

🙍 나도 잘 모르지……. 박사님, 알려 주세요!

공기에는 이산화탄소가 0.03%밖에 없어요.

그런데 배기가스에는 이산화탄소가 18.1%나 있지요.

🧑‍🦰 공기에는 산소가 21% 정도 있는데, 배기가스에는 1.1%밖에 없어요. 그런데 이산화탄소가 차지하는 비율은 그 반대예요. 공기에는 0.03%밖에 없지만, 배기가스에는 18.1%나 있지요.

🧑 배기가스에는 산소가 왜 적어요?

🧑‍🦰 석유를 태우느라 산소를 많이 썼기 때문이에요. 석유를 이루는 물질들은 산소와 만나면 이산화탄소와 수증기를 만들어요. 그래서 이산화탄소의 양이 많은 거예요.

🧑 이산화탄소가 꼭 나쁜 건 아니잖아요.

🧑 숨을 쉬면 이산화탄소가 어쩔 수 없이 생겨요.

🧑 이산화탄소가 나쁜 물질이라면 숨을 쉬지 말라는 얘기인가…….

🧑‍🦰 우리가 숨을 쉴 때 나오는 이산화탄소는 아주 적은 양이라 괜찮아요. 그런데 공장의 매연이나 자동차 배기가스에서는 어마어마하게 많은 양의 이산화탄소가 뿜어져 나와서 문제가 돼요. 이산화탄소는 지구 온난화를 일으키는 주범이거든요.

 지구 온난화요? 좀 전에 들어본 것 같은데…….

 지구가 뜨거워지는 게 지구 온난화라고 했어.

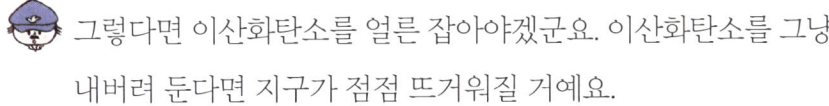 그렇다면 이산화탄소를 얼른 잡아야겠군요. 이산화탄소를 그냥 내버려 둔다면 지구가 점점 뜨거워질 거예요.

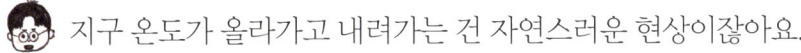 지구 온도가 올라가고 내려가는 건 자연스러운 현상이잖아요.

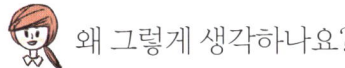 왜 그렇게 생각하나요?

킬링 곡선? 죽음의 곡선이야

매년 이산화탄소가 얼마나 늘어나는지를 보여 주는 그래프가 있어요. 바로 킬링 곡선이에요. 이 그래프를 만든 킬링 박사의 이름을 딴 거지요. 킬링 박사는 1958년부터 하와이에 있는 마우나로아라는 산의 정상에서 매일매일 이산화탄소 양을 측정했어요. 그 결과, 이산화탄소 양이 계속 늘어나고 있다는 걸 발견했어요. 1960년 전에는 이산화탄소의 양이 320ppm*이었는데, 2013년에는 400ppm으로 증가하고 말았지요. 얘개, 겨우 80ppm밖에 안 된다고요? 산업 혁명이 일어나기 전과 비교하면, 무려 45%나 증가한 양이에요. 만약 지금과 같은 속도로 이산화탄소 양이 늘어나면 지구 스스로 회복할 수 없는 수준에 이르고 말 거예요.

*ppm: 대기 중에 있는 이산화탄소 양을 가리키는 단위

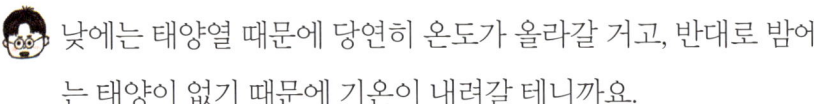 낮에는 태양열 때문에 당연히 온도가 올라갈 거고, 반대로 밤에는 태양이 없기 때문에 기온이 내려갈 테니까요.

맞아요. 하지만 정확하게 지구의 온도를 조절하는 데에 태양열만큼 중요한 역할을 하는 것이 바로 대기예요. 지구를 감싼 대기는 열을 흡수하고 저장하고 이동시켜 주지요. 열대 지방의 따뜻한 대기는 남극과 북극으로 열을 전달해 주고, 낮 동안 따뜻해진 대기는 추운 밤에 서서히 열을 내보내요. 그래서 태양이 없는 밤에도 지구 온도가 급격히 떨어지지 않아요.

 대기는 지구를 감싸는 이불 같아요.

 그런데 만약 대기가 없다면 어떻게 될까요?

 낮에는 엄청 덥고 밤에는 엄청 추울 거예요.

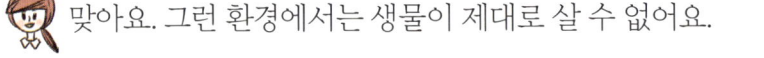 맞아요. 그런 환경에서는 생물이 제대로 살 수 없어요.

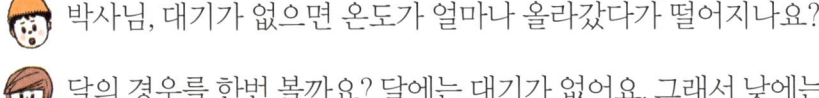 박사님, 대기가 없으면 온도가 얼마나 올라갔다가 떨어지나요?

달의 경우를 한번 볼까요? 달에는 대기가 없어요. 그래서 낮에는 약 130°C까지 올라가고, 밤에는 약 -130°C까지 떨어지지요. 지구에 대기가 없다면 달처럼 기온이 크게 올랐다가 다시 내려가는 현상을 반복할 거예요.

대기가 없는 지구는 상상하기도 싫어요!

우리는 대기 덕분에 따뜻한 환경 속에서 살 수 있는 거예요.

 대기는 정말 고마운 존재군요.

 대기 없인 못 살아, 정말 못 살아. 후후.

 하하. 지구를 따뜻하게 해 주는 대기의 역할을 온실 효과라고 해요. 빛은 받아들이고 열은 내보내지 않는 온실과 같다는 의미에서 붙여졌어요. 이때 지구가 열을 흡수하도록 돕는 기체들이 온실가스예요. 수증기와 이산화탄소가 대표적인 온실가스이지요.

 그럼 이산화탄소는 고마운 존재잖아요.

 정도가 지나치면 늘 문제를 일으키지요. 이산화탄소가 점점 많아지면서 지구 온도가 점점 올라가고 있어요. 그래서 세계 곳곳에서 이상한 현상들이 벌어지고 있지요.

 이산화탄소가 많아져서 지구 온난화가 심해졌다는 말이에요?

 맞아요. 1906년에 아레니우스는 이산화탄소가 지구 온난화에 영향을 끼친다고 말했어요. 이산화탄소가 지금보다 두 배 많아지면 지구 온도가 약 2°C 높아질 거라고 경고했지요. 그런데 당시에는 아무도 그의 말에 관심을 갖지 않았어요.

 이산화탄소의 위험성을 미리 알았다면 지금처럼 지구 온난화가 심각해지지 않았을 텐데요.

50만 년 전, 구석기 인류가 살던 시대에는 지구 온도가 지금보다 5°C 낮았어요. 그러다 1만 년 전에 이르러서야 현재 온도까지 올라, 생명체가 살기에 딱 좋은 환경이 만들어졌지요. 그런데 최근 200년 동안 지구 온도가 무려 2°C나 올랐어요.

지구 온도가 올라가는 속도가 빨라지고 있군요.

 박사님, 지구 온난화 때문에 어떤 문제들이 벌어지고 있나요?

 예전에는 우리나라에서 상어나 해파리를 볼 수 없었어요. 그런데 지금은 상어와 해파리가 우리나라 바닷가에 자주 나타나고 있지요.

 상어나 해파리가 나타나면 왜 안 좋아요?

 해파리는 아열대에서 사는 생물이에요. 아열대는 비가 적고 기온이 높은 곳이에요. 예를 들어 사하라 사막 같은 곳이 아열대에 속해요. 그런데 우리나라는 아열대가 아니에요. 해파리가 자주 보인다는 것은 우리나라도 아열대처럼 기온이 높아지고 있다는 걸 말해 주지요.

 얼마 전에 남해안에서 해파리가 나타났다는 뉴스를 본 적 있는데, 그게 엄청난 사건이었군요.

 바닷가 생물들은 이동이 자유로워서 환경이 변하면 자신한테 맞는 곳으로 터전을 옮기면 돼요. 그런데 한곳에 뿌리를 내리고 사는 식물들은 환경이 변하면 제대로 살 수 없어요. 식물이 죽으면 동물도 살 수 없고, 동식물이 살지 못하는 곳에서는 당연히 사람도 살 수 없지요.

만약 지구 온도가 지금보다 2°C 더 올라가면 어떻게 되나요?

 지구 온도가 1°C 높아지면 전체 생물 중 30%가 사라질 위기에 처한다고 해요.

 으악. 이대로 둬서는 안 돼!

 당장 이산화탄소 양을 줄여야 해!

사하라 사막에 눈이 내렸다고?

2018년 1월, 세계에서 가장 더운 곳이라 불리는 사하라 사막에 눈이 내렸어요. 사하라 사막은 평균 기온이 20°C지만 여름에는 50°C까지 오를 정도로 무더워요. 이런 곳에 눈이 자그마치 40cm나 쌓였다니 놀랍지 않나요? 사하라 사막에 눈이 내린 적은 처음이 아니에요. 1979년 2월에 눈이 내린 후, 2016년 12월에도 내렸다고 해요. 한편 최근에는 기후가 변하면서 건조한 날씨가 이어지다 보니 마른장마나 가뭄이 자주 일어나고 있어요. 그래서 봄, 여름, 가을, 겨울 할 것 없이 산불의 위험이 점점 커져서 우리의 삶을 위협하고 있지요.

다섯 번째 사건 일지

지구 온난화에 영향을 주는 온실가스

1. 이산화탄소

공장과 농장을 짓기 위해 나무를 함부로 베다 보니 광합성을 하는 식물들이 줄어들었어요. 식물이 줄어드는 대신에 이산화탄소 양은 점점 늘어났지요. 이산화탄소는 석탄과 석유를 태울 때에도 나와서 난방을 자주 하거나 자동차를 자주 타게 되면 이산화탄소 양이 많아질 수밖에 없어요.

2. 메테인

메테인은 쓰레기를 태울 때 주로 나오는 가스예요. 또 돼지나 소, 닭의 배설물이나 방귀에서도 가스가 나오지요. 그래서 소나 돼지가 방귀를 자주 뀌면 지구 온난화에 영향을 줘요.

3. 아산화질소

아산화질소는 이산화탄소보다 훨씬 위험해요. 같은 양이라 해도 아산화질소가 지구 온도를 높이는 데에 더 많은 영향을 끼치거든요. 주로 농사를 지을 때 사용하는 비료에서 나오거나 집이나 공장 등에서 쓰고 버리는 더러운 물을 처리할 때 나와요.

4. 새로운 온실가스

최근에 새로 생긴 온실가스로는 수소불화탄소, 과불화탄소, 육불화황이 있어요. 이러한 물질들은 냉장고나 에어컨과 같은 전자 제품들을 만들거나 사용할 때 생겨요.

커피, 초콜릿, 바나나의 공통점은 뭘까?

커피, 초콜릿, 바나나. 이 세 가지 먹거리에는 공통점이 있어요. 머지않아 영영 먹지 못할 수 있다는 것이지요. 왜 못 먹게 되냐고요? 기후 변화 때문이에요. 기후가 계속 변하면 지금 우리가 먹는 음식이 제대로 생산될 수 없어요.

미국 학자들은 2050년에 이르면 커피를 기르는 남아메리카의 땅이 88%나 줄어들 거라고 말해요. 지구 온난화 때문에 생긴 병균과 벌레들이 땅을 썩게 만들어 커피를 생산하지 못하게 막거든요. 초콜릿도 마찬가지예요. 2050년이면 초콜릿을 먹지 못할 수 있어요. 초콜릿의 원료는 카카오예요. 카카오를 키우려면 일 년 내내 물이 필요해요. 그러니 기후가 변해서 물이 부족해지면 카카오를 기르는 게 어려워지겠죠?

바나나는 이상한 병에 걸렸어요. 어떤 병이냐고요? 파나마병이에요. 파나마병은 바나나가 곰팡이에 감염되어서 시드는 병이에요. 1960년대에 이미 파나마병으로 그로미셀이라는 바나나가 사라졌어요. 그로미셀 바나나는 지금 우리가 먹는 바나나보다 맛과 향이 훨씬 진했어요. 바나나 맛 우유에서 맛볼 수 있는 달콤함이라고 하니 얼마나 맛있을지 상상 가죠?

파나마병에 걸린 바나나

파나마병이 유행하면서 그로미셸 바나나가 속수무책으로 사라져 버렸어요. 그러고 나서 지금 우리가 먹고 있는 캐번디시라는 바나나가 개발되었지요. 그런데 몇 년 전부터 변종된 파나마병이 유행한다고 해요. 만약 캐번디시 바나나마저 곰팡이에 감염되고 만다면 우리는 앞으로 바나나를 맛보지 못하게 될 거예요. 커피, 초콜릿, 바나나가 없는 세상을 떠올려 보세요. 우리가 즐기는 먹거리가 사라진다고 생각하니 끔찍하지 않나요?

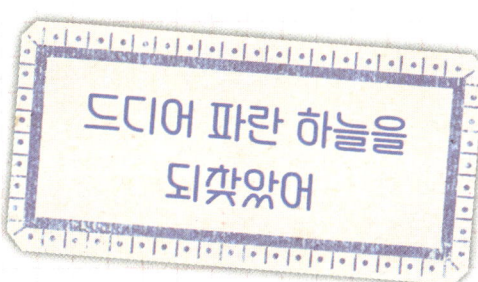

드디어 파란 하늘을 되찾았어

휴, 이렇게 많은 것들이 하늘을 더럽히고 있었군.
 파란 하늘이 사라진 건 모두 우리 때문이야.
 우리가 달라지면 다시 파란 하늘을 찾을 수 있겠지?
 당연하지. 그런데 어떻게 달라져야 할까?
 내가 도와줄게요. 음, 어디부터 가 볼까요?
 파란 하늘을 되찾을 수 있다면 어디든 상관없어요.
 에휴, 또 어딜 가려는 거야…….

뉴스에서 많이 본 곳인데…….

야, 여기 국회 의사당이잖아.

아, 맞다!

박사님, 파란 하늘을 찾는 거랑 국회 의사당이랑 무슨 상관이에요?

국회 의사당에서 무슨 일들을 하는지 알고 있나요?

음, 국민들이 뽑은 국회 의원들이 모여서…….

정책을 논의하고 법을 만드는 곳이에요!

오호!

야, 왜 답을 가로채냐?

먼저 말하는 사람이 장땡이야!

하하, 국회는 법을 만드는 곳이에요. 여기에서 대기 환경과 관련된 법들도 많이 만들어졌어요.

어떤 법들이 있나요?

1960년대에는 '공해 방지법'이 만들어졌어요. 이 법은 자동차 배기가스, 공장 매연을 규제하는 법이지요. 1990년에는 '대기 환경 보전법'이 만들어졌고, 2010년에는 '저탄소 녹색 성장법'이 만들어졌어요. 에너지와 자원을 아껴서 대기를 보전하기 위한 법들이에요.

 미리 관련된 법을 찾아봤는데, 영국에는 특이한 이름을 가진 법이 있더라고요. 바로 '깨끗한 공기법'이었어요.

 왜 그런 법이 만들어졌나요?

 1875년에 영국 런던에서 끔찍한 일이 벌어졌어요. 증기 기관차가 내뿜는 매연 때문에 가축들이 떼죽음을 당한 거예요. 또 벨기에의 뮤즈 계곡에서는 스모그 때문에 이틀 동안 60명이 죽고 수천 명이 호흡기 질환에 걸리고 말았지요. 이런 상황을 심각하게

오래되고 낡은 발전소는 이제 그만! 셧다운제

미국은 2010년부터 187기의 화력 발전소를 없애고, 2020년까지 27% 이상의 화력 발전소를 없앨 거라고 했어요. EU도 10년 안에 최대 1/3의 화력 발전소를 없애기로 약속했지요. 우리나라도 화력 발전소를 없애기 위한 노력들을 하고 있어요. 그러한 노력 중 하나가 셧다운제를 통해 노후된 화력 발전소를 멈추게 하는 것이에요. 이미 충남 보령시와 서천시에서는 4기의 화력 발전소를 멈추었어요. 그러자 어떤 일이 벌어졌을까요? 미세 먼지 배출량이 141t이나 줄어들었어요. 여기에 더해 30년 이상 작동된 노후 발전소 10기 중, 8기의 발전소를 멈추었더니 미세 먼지 배출량이 304t이나 줄어든 것을 확인했어요. 노후된 화력 발전소를 멈춘 덕분에 미세 먼지가 크게 줄어든 거예요.

여긴 영국은 대기와 관련된 법을 만들었어요. 그게 바로 1956년에 만들어진 깨끗한 공기법이에요.

 아하! 공기를 깨끗하게 되돌리기 위한 법이군요.

 그런데 법만 만들면 공기가 금방 깨끗해질까?

 법이 제대로 시행되었다면 지금처럼 하늘이 더러워지지 않았을 거야.

 예리한데?

 여러분 말처럼 법만 만든다고 문제가 해결되는 건 아니에요. 계획을 세우고 실천해야 하지요. 이런 걸 정책이라고 해요.

 대기 환경을 지키는 정책에는 어떤 것들이 있나요?

 예를 들어 '수도권 대기질 개선 특별 대책'이라는 것이 있어요. 버스나 대형 화물차에 미세 먼지를 줄이는 장치를 붙이고, 천연가스로 움직이는 버스와 전기 자동차를 사용하도록 하는 정책이에요. 또 미세 먼지를 배출하는 낡은 자동차들을 없애고, 미세 먼지 예보만을 담당하는 팀을 만들어 사람들에게 미세 먼지에 대한 정확한 정보를 알리자는 내용도 함께 있어요.

 부모님한테 우리도 전기 자동차를 타자고 해야겠어.

지구를 지키는 한 걸음, 기후 변화 협정

기후 변화 협정은 1992년 브라질 리우데자네이루에서 처음 열렸어요. 국제 연합은 여러 국가들에게 지구 온난화와 대기 오염의 책임을 묻고, 온실가스를 줄여야 한다고 말했어요. 이후 매년 회의를 열어 온실가스를 줄이는 방법을 다같이 논의하고 있어요. 그러한 회의 중에서 1997년에 일본 교토에서 열린 회의와 2015년에 프랑스 파리에서 열린 회의는 다른 회의들보다 상당한 의미를 지녀요. 먼저 교토에서 열린 회의에서는 전 세계 사람들이 지구 온난화의 심각성을 절실히 느꼈어요. 그래서 무엇을 어떻게 해야 할지 구체적으로 논의했지요. 지구와 생명을 지키기 위한 첫걸음을 내딛은 거죠. 그 뒤 파리 기후 협정을 통해 196개국 나라가 온실가스를 줄이자고 약속했어요. 우리나라 역시 온실가스를 줄이는 데에 적극적으로 참여하고 이를 위한 준비를 차근차근 해 나가고 있어요.

 박사님, 또 어떤 정책이 있나요?

 차량 2부제에 따라 자동차를 운행하는 정책이 있어요.

 차량 2부제가 뭐예요?

 번호판 끝자리가 홀수면 홀수인 날, 짝수면 짝수인 날에 자동차를 운행하지 않는 거예요. 만약 자동차 번호판 끝자리가 '9771'로 홀수라고 치면, 3일, 5일, 7일 등 홀수일에는 자동차를 운행하지 않는 것이지요.

🧑 대중교통을 이용하는 사람들이 많아져서 배기가스가 덜 배출되겠군요.

👩 정부가 해야 할 아주 중요한 일 하나 더! 공기에는 국경이 없어요. 전 세계를 자유롭게 돌아다니지요. 한 나라라도 공기를 마구 오염시키면 아무 소용 없어요. 그래서 대기 오염을 해결하기 위해서는 세계 모든 나라가 함께 노력해야 해요. 같이 의논하고 다함께 실천해야 대기 환경을 지킬 수 있어요.

👧 정부가 이렇게나 많은 일을 하다니!

👦 그렇지만 제대로 실천하지 않으면 아무 소용 없어.

🧑 맞아. 그래서 기업과 연구소, 그리고 시민 단체에서도 대기 환경을 지키기 위해 함께 힘을 모아야 해.

👩 어린이 수사관답게 똑똑하고 뛰어나군요.

👧 박사님, 기업이나 연구소에서는 어떤 일들을 하나요?

👩 여러 가지가 있어요. 먼저 대기 환경을 개선하기 위한 기술들을 개발하고 있어요. 깨끗한 하늘을 만들기 위해서는 어떤 기술들이 필요할까요?

👧 마스크를 만드는 기술?

마스크 만드는 게 뭐 그렇게 대단한 기술이냐?

 그런가······.

 미세 먼지나 초미세 먼지가 많은 날에는 반드시 마스크를 써야 해요. 먼지들을 완벽하게 막을 수 있는 마스크를 개발하는 건 매우 중요하지요.

 봐, 내 말 맞지?

 마스크가 그렇게 중요하단 말이야?

 친환경 자동차를 만드는 기술도 필요할 것 같아요. 석유로 움직이는 자동차가 아닌 전기로 움직이는 자동차 말이에요.

 요즘에는 전기 자동차를 타고 다니는 사람들이 점점 늘어나고 있어요. 또 어떤 것들이 있을까요?

 공기 청정기도 중요해요. 실내 공기가 깨끗해야 하니까요.

 여러분이 말한 것처럼 깨끗한 공기를 만드는 기술들은 매우 다양해요.

 나중에 개발자가 되어서 공기를 깨끗하게 만들 거예요.

 근사한 꿈인데요? 이 밖에도 대기 환경과 관련해서 기업에서 하는 일들이 많아요. 대기 상태를 매일 확인하고, 문제를 해결하기 위한 제품을 만들지요. 미세 먼지 상태를 알려 주는 시스템을 개발해서 운영하는 기업들도 있어요.

대단해요. 시민 단체에서는 어떤 일을 하나요?

시민 단체는 어떤 곳이야?

그것도 모르냐? 시민들이 나서서 살기 좋은 사회를 만들기 위해 노력하는 곳이잖아.

모를 수도 있지. 그래서 시민 단체에서는 대기 환경을 지키기 위해 뭘 하는데?

그것까진 잘…….

이번엔 내가 답해 주지. 시민 단체에서는 캠페인을 열어서 대기 오염이 얼마나 심각한지 사람들에게 알리고 있어요. 또 기업들에게 대기에 안 좋은 물질들을 만들지 말라고 경고하기도 하지요. 필요한 정책들이 있으면 정부에 제안하기도 하고요.

오늘날 시민 단체는 기업이 친환경적으로 산업 활동을 하도록 살피고 있어요. 예를 들어 에너지 사용과 관련해서 지속적으로 기업을 모니터링하지요. 구글, 애플, 네이버, 다음카카오 등 많은 IT 기업들은 거대한 데이터 센터를 운영해서 엄청난 전력들을 소비해요. 그린피스라는 시민 단체는 전력이 낭비되는 걸 막기

회색 도시에서 녹색 도시로

독일에는 슈투트가르트라는 도시가 있어요. 이 도시는 원래 회색 도시로 유명한 곳이었어요. 그런데 지금은 녹색 도시로 변했어요. 어떻게 했냐고요? 공장에서 나오는 오염 물질들을 철저하게 감시하고, 녹색 도시를 만드는 여러 기술들을 개발했어요. 또 녹색 인증을 받은 자동차만이 도로를 다닐 수 있게 했지요. 처음에는 많은 시민들이 이런 정책을 시행하는 걸 반대했어요. 하지만 정부와 시민 단체들이 시민들을 꾸준히 설득한 결과, 시민들의 생각과 행동이 점차 바뀌었고 깨끗한 공기를 되찾게 되었어요.

위해 IT 기업들과 이야기를 나누었어요. 그 결과, 애플은 재생 에너지만을 쓰는 데이터 센터를 만들어 운영하겠다고 발표했어요.

- 시민 단체가 기업들을 움직인다는 게 놀라워요.
- 나도 시민 단체에서 일을 해 볼까?
- 또 꿈이 바뀐 거야? 못 말려.
- 자, 이제 우리 차례야!
- 과연 우린 뭘 할 수 있을까?

여섯 번째 사건 일지

대기 환경을 지키는 습관들

1. 대중교통 이용하기

자동차 대신 버스나 지하철을 타 보세요. 정말 덥거나 추운 날이 아니라면 자전거를 타는 것도 좋아요. 단, 안전하게 타는 것이 중요하겠죠?

2. 안 쓰는 콘센트 반드시 뽑기

전자 제품을 쓰지 않는데도 콘센트를 꽂아 두면 우리가 모르는 사이에 전기가 새어 나가요. 새어 나가는 전기를 보충하려면 발전기를 돌려 전기를 만들어야 해요. 그러면 매연과 미세 먼지가 배출될 수밖에 없어요. 그러니까 안 쓰는 콘센트는 반드시 뽑아 두도록 해요.

3. 비닐과 플라스틱 쓰지 않기

비닐과 플라스틱을 태우면 유독 가스가 엄청나게 발생해요. 그래서 최근에는 일회용품 줄이기 운동이 활발하게 일어나고 있어요. 조금 불편하더라도 개인 컵을 가지고 다니고 빨대 없이 음료를 마셔 봐요. 또 일회용 봉투 대신 작은 가방을 쓰도록 해요.

4. 엘리베이터보다는 계단을!

계단을 이용하면 에스컬레이터나 엘리베이터가 운행되면서 발생하는 전기를 아낄 수 있어요. 무엇보다 운동도 할 수 있으니 일석이조예요.

5. 가까운 지역에서 나온 음식 먹기

먼 지역에서 나는 음식들이 우리에게 오려면 트럭이나 배, 비행기를 이용해야 해요. 그러면 돈도 들고 환경도 오염되지요. 가까운 곳에서 나는 과일이나 채소를 먹으면 트럭, 배, 비행기를 이용하지 않아도 돼요. 대기 환경도 지키고, 신선한 음식도 먹을 수 있어요.

6. 에너지 소비 효율 1등급 제품 쓰기

에너지 효율은 에너지가 바뀌면서 버려지는 에너지 양을 나타내요. 정부에서는 에너지 효율을 높이기 위해서 전기 제품마다 1등급에서 5등급으로 나누어 표시해 두었어요. 숫자가 작을수록 에너지 효율이 높은 제품인데, 에너지 효율이 높은 제품을 쓰면 에너지를 좀 더 아낄 수 있어요.

우리가 할 수 있는 일들이 엄청 많아!

 박사님, 또 뭐가 있을까요?

 고기 반찬만 먹지 말고 채소 반찬도 골고루 먹어야 해요.

 고기를 먹는 거랑 대기 환경을 지키는 거랑 무슨 상관이에요?

 소나 돼지를 키우려면 숲을 없애고 초원과 경작지로 만들어야 해요. 그래서 산소를 만들어 내는 나무들이 사라져 버려요. 또 소나 돼지가 뀌는 방귀와 배설물에서 메테인가스가 나와 지구 온난화를 부추길 거예요.

 이제부터 엄마에게 채소 반찬을 많이 만들어 달라고 해야겠어요.

 난 고기가 훨씬 더 좋은데.

 하하. 이제 파란 하늘을 지키는 일만 남았어요. 할 수 있겠죠?

 그럼요! 자신 있어요!

나무 심기로 미세 먼지 잡자

환경 운동 연합은 미세 먼지를 잡기 위해 나무를 심어야 한다고 말해요. 나뭇잎은 미세하고 복잡한 표면을 갖고 있어서 미세 먼지를 잘 달라붙게 해요. 또 나뭇가지와 나무줄기는 미세 먼지가 땅으로 떨어지는 걸 막지요. 나무가 온몸으로 미세 먼지를 막아 주는 셈이에요. 실제로 숲과 도시의 미세 먼지를 비교해 보면, 숲 주변의 미세 먼지 농도가 무려 25~40% 낮다고 해요.

바다에 나무를 심는다고?

4월 5일은 나무를 심는 식목일이에요. 지구 온난화와 기후 변화의 문제가 나날이 심각해지면서 나무 심기의 중요성이 커지고 있지요. 그런데 바다 식목일이 있다는 것도 알고 있나요? 바다 식목일은 말 그대로 바다에 식물을 심는 날이에요. 육지에 숲이 필요하듯 바다에도 숲이 필요하니까요.

우리나라 바닷속은 이미 백화 현상으로 황폐화되었어요. 백화 현상은 바다 환경을 깨끗하게 해 주는 해조들이 하얗게 변해서 죽는 현상이에요. 생물이 살기 힘든 사막처럼 바다도 사막처럼 변하는 거지요. 왜 물이 차고 넘치는 바다에서 사막화가 일어나는 걸까요? 바로 지구 온난화 때문이에요. 지구 온난화로 바닷물 온도가 높아지면서 불가사리, 성게와 같은 조식 동물들이 많아졌어요. 조식 동물들은 김, 미역, 다시마, 파래, 매생이와 같은 해조들을 먹고살아요. 해조는 바다 환경을 지켜 주는 소중한 생물이에요. 그런데 조식 동물들이 많아지면서 해조가 자연스레 줄어들고, 결국 바다 환경이 사막처럼 탁해지고 말았어요. 여기에 더해 우리가 무심코 버리는 쓰레기, 경제적 이익을 위한 무분별한 개발로 바다 사막화가 점점 심해지고 있어요.

해조를 먹고사는 조식 동물인 성게

바다 사막화를 막는 해조류

　　바다 사막화를 막으려면 바닷속에 해조들이 많이 살 수 있도록 숲을 만들어야 해요. 매년 5월 10일, 바닷속에 사는 식물들이 얼마나 소중하고 중요한지 생각해 보는 건 어떨까요? 건강한 바다를 만들기 위해 스스로 할 수 있는 일들을 찾아봐요.

Q&A

미세 먼지, 이것만은 꼭 기억해

 미세 먼지와 초미세 먼지는 어떻게 달라요?

먼지는 공기 중에 떠다니는 작은 물질이에요. 먼지는 크기에 따라 총 먼지와 미세 먼지로 나뉘어요. 총 먼지는 크기가 50㎛이고, 미세 먼지는 10㎛예요. ㎛(마이크로미터)는 길이를 세는 단위인데, 1㎛는 100만 분의 1m예요. 1㎛가 1000개 모여야 겨우 1mm가 될 정도로 아주 작은 알갱이를 나타내지요. 미세 먼지는 다시 10㎛ 보다 작은 미세 먼지와 2.5㎛보다 작은 초미세 먼지로 나뉘어요. 미세 먼지는 사람의 머리카락(50~70㎛)보다 훨씬 작아서 모양이나 색깔을 정확하게 볼 수 없어요.

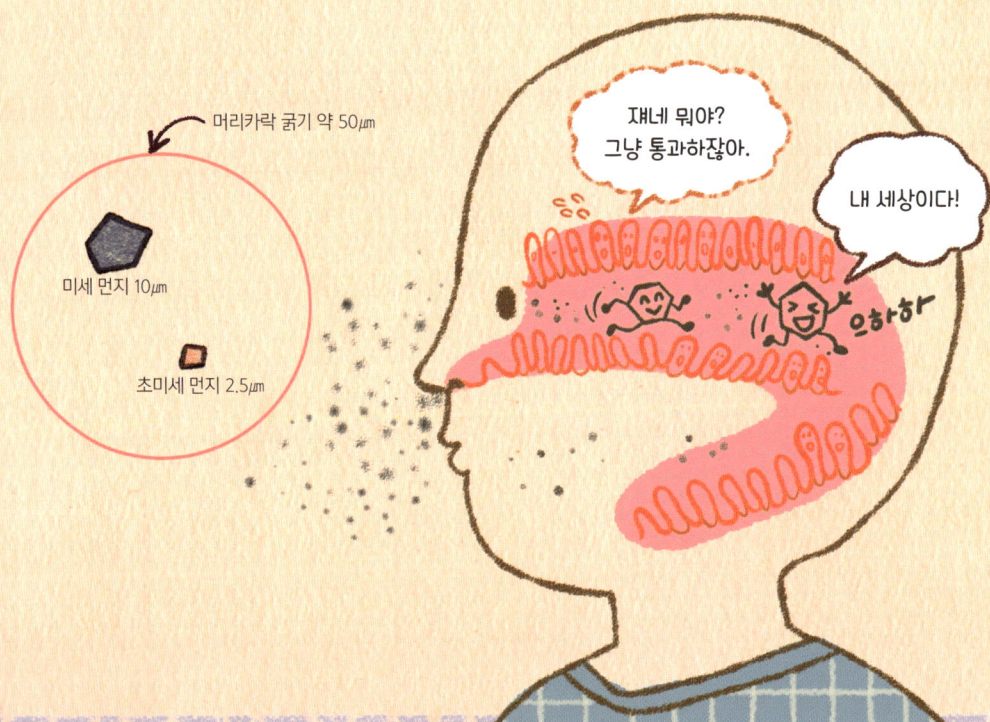

미세 먼지와 황사의 차이점이 뭐예요?

 황사는 매년 늦가을부터 봄까지 우리나라에 찾아와요. 중국과 몽골의 사막에 있는 모래가 바람을 타고 날아온 먼지이지요. 황사가 심하면 하늘이 뿌옇게 뒤덮이고 대기의 질이 나빠져요. 미세 먼지가 많은 날에도 하늘이 뿌옇고 대기 상태가 안 좋아요. 그러나 황사는 자연적으로 생겨난 먼지지만, 미세 먼지는 인간의 활동으로 인위적으로 만들어진 먼지예요. 또 황사는 주로 늦가을부터 봄 사이에 발생하지만, 미세 먼지는 사계절 내내 심해질 수 있다는 점에서도 서로 달라요.

미세 먼지와 황사로 뒤덮인 중국의 상하이

 미세 먼지는 무엇으로 이루어져 있어요?

 미세 먼지를 이루는 것들은 그것이 생겨난 지역이나 계절에 따라 달라요. 보통 오염 물질이 공기와 만나서 생긴 덩어리(황산염, 질산염 등)와 석탄이나 석유를 태우는 과정에서 만들어진 물질(검댕 등), 땅 위의 흙먼지 등으로 이루어져요. 그중 황산염과 질산염처럼 오염 물질 덩어리가 가장 많은 부분을 차지해요.

어디에서 미세 먼지가 만들어지나요?

 전국에서 만들어진 미세 먼지의 양을 살펴보면, 자동차에서 나오는 배기가스가 전체 양의 13%를 차지해요. 특히 버스나 화물차에서 나오는 양이 어마어마하지요. 가정에서 쓰는 가스레인지, 전기 그릴, 오븐, 헤어드라이어, 청소기, 토스터기에서도 미세 먼지가 발생해요. 생선이나 고기를 구우면서 발생하는 미세 먼지는 수분이나 기름과 결합해서 크기가 커져요. 또 난방을 위해 쓰는 보일러에서도 미세 먼지가 만들어지지요.

쓰레기 소각장에서도 미세 먼지가 만들어져요. 쓰레기를 태우면 이산화탄소, 이산화질소, 질소산화물 같은 오염 물질이 나오기 때문이에요. 건설 현장이나 공장에서도 엄청난 양의 미세 먼지가 나와요.

버스에서 나오는 배기가스

공장에서 나오는 매연

미세 먼지가 몸속에 들어가면 어떻게 돼요?

 자연적으로 만들어진 먼지는 대부분 코를 통해 걸러져요. 기침이나 가래, 호흡을 통해 다시 몸 밖으로 나오지요. 그러나 미세 먼지와 초미세 먼지는 크기가 작아 몸속 깊숙한 곳까지 들어가서 질병을 일으켜요. 결막염, 피부염, 기관지염, 천식, 폐렴 등을 일으키고, 심한 경우에는 생명까지 위협해요. 2016년에는 미세 먼지 때문에 전 세계적으로 약 650만 명의 사람들이 목숨을 잃었다고 해요.

 동식물은 미세 먼지 때문에 어떤 고통을 받고 있나요?

 미세 먼지는 동식물의 성장을 방해해요. 식물 이파리에 딱 달라붙어서 광합성을 제대로 하지 못하게 막아요. 광합성을 하지 못한 식물은 자연스레 죽어요. 동물들도 미세 먼지 때문에 고통받고 있어요. 소들이 콧물을 흘리고 기침을 하고, 강아지들이 결막염에 걸리는 일이 빈번히 일어나고 있지요. 특히 어린 동물들은 호흡기 질병에 걸릴 위험이 높아 폐렴에 걸릴 가능성이 커요.

 미세 먼지는 산업이나 경제에 어떤 피해를 주나요?

 반도체와 디스플레이 산업은 먼지에 아주 민감해요. 먼지가 닿으면 기계가 오작동되고, 불량 제품들이 만들어지기 때문이에요. 또 비행기와 선박 산업도 미세 먼지에 영향을 많이 받아요. 미세 먼지가 심한 날에는 앞이 흐려서 비행기가 날거나 여객선이 뜨는 것이 어렵거든요. 비행기나 여객선을 제시간에 운항하지 못하면 경제적 손실이 생길 수밖에 없어요.

미세 먼지가 많은 날에는 어떻게 행동해야 할까요?

 미세 먼지가 많은 날에는 되도록 바깥 활동을 하지 않는 게 좋아요. 꼭 외출해야 한다면 긴팔과 긴바지를 입고, 마스크를 써야 해요. 마스크는 반드시 식품 의약품 안전처가 인증한 보건용으로 써야 해요. 보건용 마스크를 써야 코와 입으로 미세 먼지가 들어가는 걸 막을 수 있어요. 외출 후에는 반드시 겉옷을 털어야 해요.

계속 창문과 문을 닫고 있을 경우에는 산소가 부족해지고, 음식을 조리할 때 발생하는 미세 먼지로 인해 실내 공기의 질이 나빠져요. 그래서 하루에 한두 번은 환기를 하는 게 좋아요. 다만 뉴스에서 미세 먼지 주의보나 경보를 내리면 창문과 문을 꼭 닫아야 한답니다. 이때에는 가습기와 제습기를 써서 습도를 맞추도록 해요.

기관지가 건조해지는 걸 막기 위해 자주 물을 마시고 해조류와 채소를 많이 먹는 게 좋아요. 호흡기를 촉촉하게 하면 기침도 덜 나오고 미세 먼지들을 밖으로 내보낼 수 있거든요. 미세 먼지가 많은 날에는 청소기 대신 걸레질을 하도록 해요. 청소기의 모터가 빠르게 돌아가면서 먼지를 잘게 부수고, 바닥에 쌓인 먼지를 위로 띄우기 때문이에요.

 보건용 마스크는 어떻게 쓰나요?

 보건용 마스크를 고를 때에는 '의약외품' 표시와 'KF(Korea Filter)'를 반드시 확인해야 해요. KF 뒤에 붙은 숫자가 클수록 미세 먼지를 차단하는 효과가 커요. 예를 들어 KF80은 0.6μm 크기의 미세 먼지를 80% 막아 낼 수 있고, KF94와 KF99는 0.4μm 크기의 미세 먼지를 각각 94%, 99% 차단할 수 있어요.

마스크를 쓸 때에는 반드시 손을 깨끗이 씻어야 해요. 착용할 때에는 코와 입이 완전히 가려지도록 고정하고, 마스크가 코에 잘 붙도록 눌러 줘요. 마지막에는 공기가 새지 않는지 확인해요. 보건용 마스크는 절대 다시 쓰지 않는 게 좋아요. 세탁을 하면 차단 효과가 떨어진다는 걸 꼭 기억해요.

① 마스크 날개를 펼치고 양쪽 끝을 오므려 주세요.
② 코와 입을 완전히 가려 주세요.
③ 끈을 귀에 걸어 고정해 주세요.

④ 양 손가락으로 마스크를 눌러 코에 맞춰 주세요.
⑤ 바람이 새는지 확인해 주세요.

 미세 먼지를 없애기 위해 어떤 노력을 하고 있나요?

미세 먼지를 줄이려는 노력들이 세계 곳곳에서 이루어지고 있어요. 가장 먼저 전기 자동차, 수소 자동차처럼 친환경 에너지를 써서 달리는 자동차를 개발하고 이용하는 거예요. 노르웨이, 네덜란드, 독일에서는 휘발유나 경유로 달리는 자동차를 팔지 못하도록 막고 있고, 스웨덴의 자동차 회사인 볼보에서는 2019년부터 전기 자동차만을 만들기로 약속했어요.

친환경 에너지는 차뿐만 아니라 냉난방 시스템에도 쓰여요. 인천시에서는 지열을 이용한 냉난방 시스템을 도입해서 국제 여객 터미널을 운영하기로 했어요. 또 엘론 머스크라는 엔지니어는 태양열을 전기 에너지로 바꾸는 지붕 타일을 개발하기도 했어요.

전기로 달리는 자동차

[사진 출처]

*이 책에 실린 사진 자료의 출처는 다음과 같습니다.

당진시청 51(ⓒDANGJINCITY)
인터넷 사이트 27(pixabay, ⓒsaphir-albatros), 67(flicker, ⓒScot Nelson), 89(pixabay, ⓒHans, ⓒnicholebohner), 91(pixabay, ⓒ3dman_eu), 92(pixabay, ⓒquito, ⓒwilhei), 95(pixabay, ⓒanaterate)

책에 실린 사진들은 소장하고 있는 곳과 저작권자의 허락을 받아 실었습니다.
혹시라도 누락되거나 착오가 있는 부분은 확인하는 대로 수정 및 사용 허락을 구하겠습니다.